REMSEN WHITEHOUSE

Lamartine et les États-Unis

Extrait des Annales de l'Académie de Mâcon

(3ᵉ Série. — Tome XVI)

MACON

PROTAT FRÈRES, IMPRIMEURS

1912

REMSEN WHITEHOUSE

Lamartine et les États-Unis

Extrait des Annales de l'Académie de Mâcon

(3ᵉ Série. — Tome XVI)

MACON

PROTAT FRÈRES, IMPRIMEURS

1912

LAMARTINE ET LES ÉTATS-UNIS [1]

En ma qualité d'étranger, je n'avais d'autre titre à l'indulgence de l'Académie de Mâcon qu'une vénération profonde pour le grand génie qui fait sa gloire.

Aussi ai-je accepté avec une reconnaissance sans bornes la haute distinction qui m'a été conférée, par mon association à cette auguste compagnie.

Je n'ai pas de faits à présenter que tous ne connaissent sur l'illustre Mâconnais, Alphonse de Lamartine, et c'est avec une hésitation extrême que je m'aventure à parler de cette noble figure, sans apporter autre chose qu'une miette de cet inédit dont on se montre si friand aujourd'hui. Cependant, pour nous autres *lamartiniens* qui nous efforçons consciencieusement de tirer au clair la personnalité complexe de notre héros, rien de ce qui le touche de près ou de loin ne saurait être indifférent, car seule une documentation minutieuse nous permet de saisir quelque reflet des aspects multiples que présente ce grand génie. Parmi ces divers aspects, celui de l'homme d'État et du diplomate, dans sa politique vis-à-vis de mon pays, les États-Unis d'Amérique, est peut-être le moins connu. C'est ce Lamartine-là que je veux envisager aujourd'hui.

Ce que j'ai pu glaner dans les archives diplomatiques, à

1. Présenté à la séance du 5 octobre 1911.

Washington l'été dernier, n'ajoute rien de nouveau ni de sen-
sationnel à la connaissance de l'homme d'État. Néanmoins, ces
notes officielles ne sont pas dépourvues d'intérêt : pour ceux qui
savent lire, elles exhalent même cette poésie, cette idéalisation des
lieux communs, si caractéristiques de l'homme. Jusque dans les
phrases protocolaires, Lamartine trouvait le moyen de glisser de
ces mélodiques fluidités, dont lui seul possédait le secret. On y
sent vibrer l'âme du poète, et on y distingue des qualités assez
rares dans ce genre de correspondance.

Pour Lamartine, l'Amérique signifiait bien autre chose que le
champ d'excursion de *René*, le pays romantique des *Natchez*.
S'il nous a qualifiés de « peuple sans ancêtres sur un continent sans passé »[1], c'est au sens littéraire qu'il parlait. Le
génie politique de l'œuvre de Washington lui inspirait une admi-
ration profonde, mais il n'approuvait pas sans réserve la politique
des successeurs de ce grand homme d'État, et il ne discernait pas
toujours, sous l'égoïsme démocratique, le grand but humanitaire
de cette civilisation généreuse.

« L'Amérique, écrivait-il, n'a encore que la supériorité de la jeu-
nesse. Son génie, s'il lui en vient un autre que celui de la vieille
Europe, sa mère, est à l'état de croissance. On ne sait encore ce
qu'il produira[2]…..

Quelques années plus tard, en 1865, en pleine guerre de séces-
sion, dans son entretien sur la littérature américaine, en analy-
sant l'œuvre du naturaliste Audubon, il ajoutait :

« L'Amérique est le germe d'un grand peuple : Il faut craindre
d'en étouffer le germe en parlant trop rudement de ses actes
d'hier et d'aujourd'hui. Nous ne sommes point partisans de sa

1. *Cours de littérature*, vol. 3, p. 251.
2. *Idem*, p. 250.

civilisation, que nous regardons comme trop élémentaire et trop brutale [1]. »

Lamartine n'admet pas avec Lafayette, le philosophe de l'émeute, que l'insurrection est le plus saint des devoirs. S'il avait vécu du temps de Louis XVI, nous dit-il, il n'aurait pas conseillé à ce prince infortuné de déclarer la guerre aux Anglais pour favoriser, à tout prix, une nation anglaise d'insurgés contre leurs frères [2].

« C'était une guerre civile, affirme-t-il, intentée à la mère patrie, pour une cause purement vénale ; cela n'était ni juste ni noble [3]. » Et cependant, ici même, à Mâcon, au banquet des Girondins, en défendant les principes de la Révolution française, il s'écria : « … Il n'est pas donné à de vils intérêts matériels de produire de pareils effets [4]. » Or, les principes de la Révolution américaine et ceux de la Révolution française avaient au fond une grande analogie. Dans les deux cas, c'était la révolte contre la tyrannie et les impositions arbitraires.

Dans l'un et l'autre cas, la lutte éclata par suite d'oppressions du fisc ; oppressions que les résistances d'une cour avide, d'une part, et les prétentions d'un parlement, de l'autre, ont empêché soit M. Necker, soit M. Grenville, soit lord North de modérer. Mais, au fond de ces questions d'intérêts matériels, germaient les mêmes idées spiritualistes, comme les appelle Lamartine, ces mêmes principes humanitaires qui ont fait de nos deux nations ce qu'elles sont aujourd'hui.

Politiquement parlant, nous ne croyons pas que notre civilisation fût antipathique au grand génie qui nous critiquait parfois assez durement. « *Tout Français a pour les Américains le cœur de*

1. *Cours de littérature*, vol. 20, p. 82.
2. *Idem*, vol. 12, p. 19.
3. *Idem*, vol. 20, p. 82.
4. *Mémoires politiques*, vol. 2, p. 13.

Lafayette », écrivait-il à M. Rush, Ministre des États-Unis à Paris, en 1848. Et, quelques semaines plus tôt, il avait fait cette profession de foi, avant de prendre part à la séance mémorable du 24 février : « Je regarde le gouvernement républicain, c'est-à-dire le gouvernement des peuples par leur propre raison et par leur propre volonté, comme le seul but et la seule fin des grandes civilisations, comme le seul instrument de l'avènement des grandes vérités générales qu'un peuple veut inaugurer dans ses lois. Les autres gouvernements sont des tutelles des aveux de l'éternelle minorité des peuples, des imperfections devant la philosophie, des humiliations devant l'histoire [1]. »

Les républiques sont ingrates envers leurs bienfaiteurs, cela est généralement reconnu. Cependant les noms de Lafayette, de Rochambeau, et tant d'autres sont encore vénérés aux États-Unis, comme le témoignent les monuments et les statues qui se dressent à Washington et dans d'autres villes de mon pays. Notre sympathie pour la France n'a jamais été un vain mot. Néanmoins au début de sa carrière parlementaire, en 1834, Lamartine nous accusait d'ingratitude, tout en reconnaissant cependant la magnanimité que nous avions montrée en nous abstenant de nous joindre aux ennemis de la France à la chute de l'Empire.

Lamartine faisait allusion au règlement des dommages-intérêts que les États-Unis réclamaient pour les pertes infligées à leur commerce maritime au cours des guerres du Consulat et de l'Empire. Depuis 1793 déjà, les restrictions vexatoires, les violations du droit des neutres, les embargo, les provocations, menaces et représailles réciproques, risquaient à mainte reprise de brouiller sérieusement les deux nations jadis amies. Il serait téméraire de prétendre démêler, même aujourd'hui, les torts qui évidemment

---

1. *Mémoires politiques*, vol. 2, p. 166.

existaient de part et d'autre. Mais c'est le décret de Rambouillet
(23 mars 1810) qui porta l'irritation à son comble. Furieux des
prétendues sympathies des États-Unis pour l'Angleterre, Napo-
léon signa le décret en vertu duquel la France fit main basse sur
des navires américains dont la valeur dépassait cinquante millions
de francs. Il est vrai que l'Empereur ne faisait que riposter à
une menace d'action semblable de la part des États-Unis, menace
qui ne fut, cependant, jamais mise à exécution. La diplomatie
s'était longuement occupée des prétentions réciproques, et Napo-
léon avait plus tard admis le principe de la réclamation des États-
Unis, et proposé une indemnité de dix-huit millions, refusée
alors comme insuffisante. La restauration, sans contester la dette,
en avait éludé et ajourné l'examen. Le Gouvernement de Juillet,
à son avènement, trouva la question pendante et pressante. Les
États-Unis demandaient soixante-dix millions, mais, en 1831,
sous le ministère Casimir Périer, un traité régla l'indemnité à
vingt-cinq millions.

On prélevait sur cette somme un demi-million pour satisfaire
à certaines réclamations françaises; en outre, des avantages de
tarifs étaient concédés par les États-Unis, pour dix ans, sur les vins
et soieries français. La commission chargée d'étudier le traité
l'avait approuvé à l'unanimité. Mais la Chambre de 1834 sembla
vouloir refuser ce crédit.

C'est alors que Lamartine entra en scène et prit la défense de
ce qu'on était convenu d'appeler « la dette américaine ».

« J'ai toujours été profondément étonné, disait-il, dans son discours du 1er avril 1834, sur cette épineuse affaire, j'ai toujours
été profondément étonné, en lisant l'histoire de nos derniers
temps, du peu de sympathie et de reconnaissance que l'Amérique
a montrées à notre pays; j'ai toujours été profondément affligé
de voir le gouvernement des États-Unis témoigner tant d'indif-

férence au sort de Louis XVI, et tant de stoïcité devant l'écha-
faud de ce roi qui fut leur libérateur. Mais le traité que nous dis-
cutons n'est pas chargé de réhabiliter la reconnaissance des peuples,
et si l'Amérique a oublié quelquefois nos services, ce n'est pas
une raison, Messieurs, pour oublier nos dettes envers elle.

« J'ai lu et vous avez lu tous, un vers que la France peut citer
avec orgueil :

Il est grand, il est beau de faire des ingrats,

« mais je n'ai jamais lu qu'il fallût l'être soi-même [1]. »

Une année plus tard (séance du 15 avril 1835), lorsque la
question était déjà entrée dans une phase aiguë, Lamartine
s'élança de nouveau sur la brèche :

« C'est un affligeant spectacle pour le monde que cette lutte
de chiffres et de discours, ces récriminations, ces représailles de
droits violés, de reproches injurieux, ces procès sans autre juge-
ment que la guerre, entre deux nations nécessaires l'une à l'autre,
sœurs dans la civilisation et la liberté, entre deux nations dont
l'une doit à l'autre l'indépendance, et dont les querelles
réjouissent les ennemis de la liberté des mers et des prospérités
des peuples libres. La Chambre de 1834 se trompa, selon moi :
elle se trompa en droit; car nous devons réellement aux Américains. Elle se trompa en dignité nationale; car la vraie dignité,
c'est la justice. » Puis, ayant refait l'historique de la question en
litige, il s'écria :

« Et c'est ici, Messieurs, que le souvenir même de ces
désastres de la France s'élève entre les Américains et nous, et
devrait nous rendre notre dette plus sacrée. A ce moment de
1814, dont la mémoire nous oppresse encore, ou l'Europe nous

1. *La France parlementaire,* vol. 1, p. 45.

faisait payer la rançon de nos conquêtes, les indemnités de nos victoires, les Américains n'avaient qu'à paraître, qu'à présenter à la liquidation un chiffre arbitraire, exagéré ; on ne discutait pas alors et ils eussent été compris dans la grande liquidation, les trente-deux puissances les y conviaient, ils s'y refusèrent, ils répondirent, ils dirent aux étrangers, à la France : « Nous ne ferons pas valoir nos titres, qui ne sont pas des titres de guerre, mais de paix, qui ne sont pas des titres de victoire, mais d'amitié, nous ne voulons les faire valoir que quand vous serez libre de les discuter, et que vous pourrez les payer sous la seule impulsion de votre probité nationale. Nous ne voulons pas nous réunir à l'Europe armée pour écraser la France ; nous nous fions à elle : nous attendons... »

« Les Américains ont attendu vingt ans, Messieurs, et vous les repousseriez aujourd'hui, au nom de cette générosité même, de cette confiance qu'ils ont montrée en vous : Ah ! Messieurs, arrêtons-nous, réfléchissons : nous allons mettre la grandeur d'âme et d'honneur du côté de nos adversaires [1]. »

Nous ne croyons pas trop nous aventurer en affirmant que Lamartine a beaucoup contribué, par ses discours pacifistes, à calmer l'esprit public. Malheureusement, l'action du président Jackson risqua fort de compromettre à nouveau la situation très tendue, et il s'en fallut de peu que les hostilités n'éclatassent.

En effet, dans son message au Congrès, du 1er décembre 1834, le président des États-Unis raconta, en termes estimés blessants pour la France, toute l'historique du traité, et sollicita l'autorisation, pour le cas où l'indemnité ne serait pas payée, de confisquer, jusqu'à concurrence de vingt-cinq millions, les propriétés des nationaux français dans les États de l'Union [2].

---

1. *La France parlementaire*, vol. 1, p. 139.
2. Thureau-Dangin, *Histoire de la Monarchie de Juillet*, vol. 2, p. 291.

Le président, il est vrai, dans le message même, nia toute intention d'insulter la France, ou de la menacer, et se retrancha derrière l'obligation que lui imposait la constitution de « recommander au Congrès les mesures qui, dans son estimation, étaient nécessaires dans l'intérêt du peuple [1] ».

M. Jackson soutint plus tard que son message n'avait pas le caractère d'une proclamation, n'était, en somme, qu'une simple recommandation, et, comme telle, qu'un fait administratif d'ordre intérieur. Mais, en France on en jugea autrement. La discussion s'envenima de plus en plus : l'honneur des deux pays entrait en jeu. Les représentants diplomatiques furent rappelés de part et d'autre. Il faut avouer qu'en France les jalousies et récriminations politiques avaient énormément compliqué la question : « Républicains et légitimistes essayèrent même de s'en prendre personnellement au Roi : c'était lui, disaient-ils, qui, pour arracher le vote de la Chambre, avait secrètement conseillé les menaces du président américain, puis l'avait averti de ne pas prendre au sérieux la rupture des relations diplomatiques, de n'y voir qu'une comédie destinée à duper le public français. Quelques-uns allaient plus loin encore et accusaient Louis-Philippe d'avoir acquis à vil prix les créances qu'il voulait maintenant faire payer à la France [2]. »

D'après Louis Blanc, le ministre, dans son désir de maintenir la paix, n'avait rien négligé pour amener la Chambre à voter en faveur de l'Amérique. Toujours d'après la même autorité, c'était la retraite du duc de Broglie, ministre des Affaires étrangères, que Louis-Philippe visait [3]. Le duc tomba, en effet, mais, l'année suivante (1835), sa rentrée au pouvoir remettait

1. Mc Master, *History of the People of the United States*, vol. 6, p. 299.
2. *La Monarchie de Juillet*, vol. 2, p. 292.
3. *Histoire de Dix Ans*, vol. 4, p. 211.

la question sur le tapis et, dans la séance du 13 avril, Lamartine défendait à nouveau le point de vue du gouvernement.

Aussitôt après le rejet, le roi se serait hâté de faire savoir à M. Livingston, représentant des États-Unis à Paris, que l'Amérique ne devait pas considérer comme définitif le vote de la Chambre, que la bourgeoisie ne consentirait jamais, pour le vain plaisir de persister dans son refus, à courir des chances d'une guerre fatale au commerce, et que lui, roi des Français, prenait l'engagement formel de mettre tout en œuvre pour obtenir la prompte exécution du traité¹. Mais ce qui est plus grave, c'est que Louis Blanc semble vouloir insinuer que cette assurance royale formait la base d'une intrigue diplomatique à laquelle se serait complaisamment prêté le président Jackson pour forcer la main à la Chambre française. Somme toute, d'après cet écrivain, le message du Président au Congrès n'aurait été qu'un « bluff ».

C'est calomnier les deux pays. Pour ma part, je proteste énergiquement contre ces accusations d'agiotage international. Je base mon incrédulité indignée sur mes connaissances de l'histoire diplomatique de mon pays, et sur l'étude approfondie du caractère de Lamartine. Jamais cet homme, qui était la droiture même, l'honorabilité en personne, celui que l'imposture n'effrayait pas, ne se serait permis de défendre, d'appuyer « de nobles manœuvres d'agiotage ».

Il ne nous appartient pas d'approfondir l'opposition de la Chambre française à l'exécution du traité. Quant à l'attitude du président Jackson, plusieurs de nos historiens les plus autorisés admettent volontiers que le président s'est laissé entraîner, dans cette question, en face d'une situation incomprise, à des récriminations regrettables. En France, la portée exacte d'un message

présidentiel n'est, encore aujourd'hui, qu'imparfaitement appré-
ciée. Malgré son caractère officiel, le message n'est pas un acte
de gouvernement, et, pour le rendre tel, il faut que le congrès
réalise les propositions présidentielles. En somme les messages
du président ne constituent que des recommandations du chef
du pouvoir exécutif à la considération des Chambres fédérales.

Lamartine avait-il saisi le caractère plutôt officieux qu'officiel
du message ? Nous serions tentés de le croire. Dans tous les cas
il était intimement persuadé de l'équité de l'indemnité car, le
8 avril 1835, il écrivait à son ami Virieu :

« ... Demain tu liras, si les journaux le donnent, un bon
discours en faveur du traité des vingt-cinq millions. C'est un
discours d'impopularité complète. Les journaux, qui me rendent
bien raison maintenant, ne voudront sans doute pas m'insérer ce
jour-là. C'est une affaire odieuse que le rejet de ce traité, à qui
l'examine pièce en mains et en conscience. Nous ferions une
iniquité et nous perdrions cinq cents millions [1]. »

Mais que lui importait l'impopularité. « Mon système ne doit
prendre son point d'appui que sur la conscience et les intérêts du
pays », écrivait-il à son père [2].

N'oublions pas qu'il siégeait « *au plafond* », et n'était lié par
aucune entrave de parti.

« J'ai l'instinct des masses », avait-il écrit à son père, à la
même date, et cet instinct l'avertissait que tôt ou tard il possède-
rait aussi la confiance des masses. Or, pour conquérir la confiance publique c'est la ligne droite qu'il faut suivre et, dans
l'occasion présente, la ligne droite c'était l'exécution pure et
simple des obligations contractées.

Ce ne fut que deux ans plus tard, en février 1836, que l'affaire

1. *Correspondance de Lamartine*, vol. 3, p. 360.
2. *Idem*, vol. 3, p. 324.

se termina, grâce à la médiation de l'Angleterre. Mais les deux discours de Lamartine, si imprégnés de modération et d'esprit de conciliation, contribuèrent, pour une large part, à calmer l'effervescence dans les deux pays.

« Lamartine n'est pas un ministre : Lamartine est un ministère ! » devait dire plus tard le roi Louis-Philippe, qui n'ignorait point qu'il devait une fière chandelle au député de Bergues, pour son attitude conciliante, lorsque l'isolement et le péril de sa situation extérieure conseillaient au gouvernement de Juillet de ne braver impunément aucune inimitié [1].

Nous avons transcrit les idées de Lamartine sur l'équité de « la Dette américaine » en 1836 ; mais nous passerons sous silence ses récriminations trente ans plus tard [2].

A cette pénible époque de sa vie, le grand homme avait subi tant de déceptions que son pessimisme était pour le moins excusable, et nous aurions mauvaise grâce à le lui reprocher.

Revenons à des jours meilleurs :

Les discours admirables contre l'esclavage visaient mon pays autant que le sien. « Le jour où vous aurez décrété que les noirs sont libres chez vous, ils le seront partout », disait-il à la Chambre, le 15 février 1838 [3]. Le contre-coup de ses arguments se répercutait au loin, et influençait l'opinion publique, aux États-Unis comme ailleurs. « Les vraies alliances, ce sont les idées; les vrais plénipotentiaires des peuples, ce sont leurs grands hommes ! » affirme-t-il dans son discours sur l'abolition de l'esclavage, le 10 février 1840 [4]. Et, c'est une vérité incontestable, Lamartine champion de la cause des noirs, c'était Lamartine ambassadeur de la

1. *La Monarchie de Juillet*, vol. 2, p. 248.
2. Cf. *Cours de littérature*, vol. 20, p. 87.
3. *La France parlementaire*, vol. 2, p. 42.
4. *Idem*, p. 313.

pensée, accrédité comme tel auprès de tous ceux de mes compatriotes qui avaient à cœur l'abolition de ce honteux trafic. Mais ici encore, il faut regretter que, dans les dernières années de sa vie, Lamartine ait si complètement méconnu la noble et généreuse initiative de Lincoln [1].

*
* *

Ce ne fut que le 26 avril 1848, que M. Rush, ministre des États-Unis à Paris, put notifier à Lamartine la reconnaissance officielle, par son pays, de la nouvelle République française. Mais le diplomate américain n'avait pas attendu ce moment pour assurer Lamartine de sa sympathie. Dès le lendemain de l'effondrement de la Monarchie de Juillet, on avait fait appel à l'appui moral du représentant de la République d'outremer.

Le 4 mars 1843, M. Rush écrivait à M. Buchanan, ministre des Affaires étrangères à Washington, comme suit : « Je ne peux encore parler des actes du nouveau gouvernement que pour vous dire que jusqu'ici ils ont été caractérisés par la modération et la magnanimité, au milieu des triomphes de nature à griser des esprits moins purs et pondérés que ceux heureusement possédés par les principaux membres dont il se compose·

« ... Je passe à ce que, avant tout, je dois vous communiquer, c'est-à-dire, la part que, comme représentant des États-Unis, j'ai prise dans les circonstances nouvelles qui m'entourent. Samedi, le 26, j'ai reçu une invitation pressante que ma présence personnelle à l'Hôtel de Ville, pour encourager et féliciter le Gouvernement provisoire, serait la bienvenue. L'invitation

1. *Cours de littérature*, vol. 20, p. 89.

n'était point officielle, cependant j'avais tout lieu de la croire
authentique. J'ai demandé un court intervalle pour la réflexion.
Avant la fin du jour, j'ai signifié ma détermination de prendre
cette initiative. Lundi matin, je me rendis à l'Hôtel de Ville. Aux
membres du Gouvernement provisoire assemblés je communi-
quais l'adresse ci-jointe. Elle fut cordialement reçue et M. Arago
me répondit au nom de ses collègues. Il m'assura que c'était
sans surprise mais avec un vif plaisir qu'on avait entendu mes
paroles. La France les attendait de la part d'un allié auquel elle
s'était encore rapprochée par la proclamation de la République.
Il me remercia, au nom du Gouvernement provisoire, des
souhaits que j'avais exprimés pour la grandeur et la prospérité
de la France et, faisant allusion aux paroles que j'avais citées
de l'adresse du général Washington, en 1796, lorsqu'il reçut
les drapeaux français, il exprima la confiance que leur contexte
ne serait pas seulement l'expression d'un désir mais d'une
réalité. M. Dupont, de l'Eure, en sa qualité de président du
Gouvernement provisoire, s'avança alors et me prenant par
la main, s'écria: « Le peuple français serre la main de la nation
américaine. » . . . .

« ... Ici se termina la cérémonie. Au départ, trois membres
du Gouvernement nous accompagnèrent ; la garde présenta les
armes, et il y eut des cris de : Vive la République des États-
Unis. »

Le discours de M. Rush fut aussitôt publié [1] dans les journaux, mais le ministre se plaignait qu'il n'avait pas été cité
textuellement. C'est de la copie qu'il envoya à son gouvernement
que nous extrayons les passages suivants :

« Messieurs, disait-il, comme représentant des États-Unis,

---

1. Archives du Département des Affaires étrangères à Washington.

chargé des intérêts et des droits de mon pays, ainsi que de ceux
des citoyens américains actuellement en France, et la distance
étant trop grande pour me permettre d'attendre les instructions,
je saisis cette occasion pour vous offrir mes félicitations, n'ayant
aucun doute de la sanction de mon gouvernement à l'initiative
que je prends ainsi à l'avance. Je ne peux non plus laisser échapper
cette occasion d'affirmer que le souvenir de l'ancienne alliance
et de la vieille amitié entre la France et les États-Unis est toujours un sentiment de vive reconnaissance ; et que je suis abso-
lument certain que la voix de mon pays sera unanime et forte
pour souhaiter la prospérité, le bonheur et la gloire de la France
sous les institutions qu'elle s'est données, ratifiées par la volonté
nationale... Permettez-moi, Messieurs, m'inspirant des sentiments du grand et bon Washington, immortel fondateur de
mon pays, lors d'une circonstance analogue à la présente, d'appuyer cette adresse, en ajoutant à mes félicitations le vœu
fervent que l'amitié des deux Républiques dure autant que leurs
existences [1]. »

Dans sa dépêche du 29 mars, le ministre des États-Unis se
montra particulièrement touché d'une référence au libérateur de
son pays que fit Lamartine lors de sa réponse à une députation
de l'Association nationale italienne (25 mars). Faisant allusion
à Machiavel, Lamartine avait dit : « Effacez désormais ce nom
de vos titres de gloire, substituez-lui le nom pur de Washington ; voilà le nom qu'il faut aujourd'hui proclamer, c'est le
nom de la liberté moderne. Ce n'est plus le nom d'un politique, ce n'est plus le nom d'un conquérant qu'il faut au monde,
c'est le nom de l'homme le plus désintéressé, le plus dévoué au
peuple. Voilà l'homme qu'il faut à la liberté : un Washington

---

1. Archives du Département des Affaires étrangères à Washington. Adresse
du 28 février 1848.

européen ! Voilà le besoin du siècle : le peuple, la paix, la liberté[1]. »

M. Rush n'ignorait point qu'il se départait des usages diplomatiques, en reconnaissant sans instructions préalables le Gouvernement provisoire, mais il avait la conviction intime que son action, basée sur la sympathie et la reconnaissance nationale de son pays pour l'allié fidèle, serait pleinement agréée. Le nom vénéré de Lamartine garantissait à ses yeux, et aux yeux de la nation qu'il représentait, la pureté et la noblesse d'une révolution si inattendue. La réputation politique et littéraire du défenseur du traité de 1831, de l'auteur des *Méditations* et des *Girondins* avait passé les mers. Son *Manifeste à l'Europe*, ses réponses aux députations révolutionnaires internationales qui l'assiégeaient constamment, inspiraient outre-mer une confiance illimitée dans la modération et l'équité politique de l'homme tant admiré.

Aussi, la satisfaction fut grande lorsque M. Rush transmit à son gouvernement la réponse de Lamartine du 26 avril 1848.

« Citoyen ministre, disait-il, le Gouvernement provisoire m'a chargé de le représenter en ce moment, pour recevoir, de vos mains, le premier acte de reconnaissance officielle de la République française. La France avait reconnu, la première, l'indédépendance de la République américaine, jeune, faible, contestée, mais qui, sous l'influence féconde du principe démocratique, devait grandir en un demi-siècle aux proportions d'un continent presque tout entier. Par un juste retour de la Providence, il appartenait à la République américaine de reconnaître la première la nouvelle République française, d'apposer, pour ainsi dire, sa signature sur l'acte de naissance de la démocratie fran-

----

1. *La France parlementaire*, vol. 5, p. 231.

çaise en Europe. Cette signature, Monsieur le Ministre, portera
bouheur. » Puis, esquissant les embarras présents et le but que
le peuple français vise, il s'écria : « La République qu'il veut
aujourd'hui, c'est celle que vous avez fondée vous-même :
c'est une république progressive, mais conservatrice des
droits, de la propriété, des industries, du commerce, de la
probité, de la liberté, du sentiment moral et religieux des
citoyens : c'est une république dont le premier cri a été un cri de
générosité, de fraternité, qui a brisé dans sa propre main l'arme
des vengeances et des réactions politiques, qui a proclamé la paix,
et qui, au lieu d'inscrire sur sa bannière des mots funestes
d'expropriation et de proscription, y a inscrit l'abolition de la
peine de mort et la fraternité des peuples [1]. »

En terminant cette harangue si passionnée où l'élévation
du sentiment poétique ajoutait à l'éloquence de la tribune parlementaire, Lamartine trouva, comme mot de la fin, l'heureuse
phrase que voici :

« Quant aux sentiments que le peuple français renvoie, avec
sensibilité et reconnaissance, aux citoyens et au gouvernement des
États-Unis, je vous les exprimerai en un seul mot, citoyen
ministre : « Tout Français a pour les Américains le cœur de
« Lafayette. »

C'est dans un sentiment analogue que je me permets, de mon
côté, de clore cette courte étude, dédiée à l'Académie de Mâcon,
par une citation tant soit peu modifiée de La fille de Roland :

« *Tout Américain a deux pays, le sien et puis la France!* »

J'ai dit.

Remsen WHITEHOUSE,
Membre associé.

1. *La France parlementaire*, vol. 5, p. 247.

MACON, PROTAT FRÈRES, IMPRIMEURS